AF248084

L'ALGÉRIE

EN 1871

L'ALGÉRIE

EN 1871

PAR

F. ROBIOU DE LA TREHONNAIS

AGRONOME EN MISSION EN ALGÉRIE PENDANT LES ANNÉES
1867, 1868, 1869 ET 1870

PARIS

VICTOR MASSON ET FILS

PLACE DE L'ÉCOLE-DE-MÉDECINE

1871

L'ALGÉRIE EN 1871

I

L'ÉMIGRATION

Aujourd'hui que des pensées généreuses se sont tournées vers l'Algérie comme pouvant offrir un refuge heureux et hospitalier aux victimes de la guerre, il est bon qu'on sache dans le monde agricole quelles sont les véritables conditions économiques de notre colonie. Laissant de côté tout esprit de parti politique, je ne veux envisager les choses et les institutions que dans leur aspect purement pratique et au point de vue des résultats qui en découlent. Chargé par le gouvernement d'une mission agronomique, pendant quatre ans j'ai parcouru l'Algérie tout entière ; c'est donc avec une pleine connaissance du pays, de sa population indigène et des efforts de colonisation qu'on y fait, que j'entreprends cette étude.

Au commencement du mois de mars dernier, avant que l'insurrection des Arabes éclatât, j'écrivis une lettre à un honorable membre de l'Assemblée nationale sur les événements que je prévoyais : aujourd'hui, hélas ! mes prévisions d'alors ne se sont que trop pleinement confirmées. La Kabylie s'est soulevée tout entière, la population européenne a dû prendre les armes. La plupart des villages de l'intérieur, dont les colons n'ont pas été surpris et massacrés, ont été évacués. La lueur sinistre des incendies de fermes et de villages a été aperçue d'Alger même et aujourd'hui bien que l'insurrection soit maîtrisée, l'inquiétude est encore dans tous les esprits même les plus confiants et les plus résolus, et le sentiment de la sécurité, si indispensable à la colonisation, s'est éteint partout, et, quoi qu'on fasse, je le crains bien, ce sentiment ne se ranimera point d'ici longtemps. Voilà où nous en sommes après plus de quarante ans d'occupation.

Les détails horribles du massacre de Palestro, village situé à 60 kilomètres tout au plus d'Alger, sur la route de Constantine, donnent une idée de la barbarie sauvage de ce peuple indigène que nous n'avons encore ni dompté ni soumis. Quand on a pu pénétrer dans les ruines de ce village tout récemment créé, nos soldats indignés n'ont trouvé que des cadavres mutilés et calcinés. La plupart de ces malheureuses victimes avaient été brûlées vives et à petit feu. — Au village de Bordj-Menaïel, les colons ont été abattus à coups de pioche pour épargner la poudre, et les malheureux soldats qui tombent entre les mains de ces bêtes fauves sont désarticulés vivants! Je le demande aux esprits les moins pratiques, quelle espérance de civilisation et d'assimilation peut offrir une race de pareils démons, et cela après n'avoir reçu de nous que des bienfaits et des prévenances qu'on a poussées jusqu'à l'adulation, c'est-à-dire la faiblesse?

A l'époque néfaste de l'histoire de notre colonie où la politique inepte et insensée des bureaux arabes florissait sans entraves, protégée qu'elle était par les gouverneurs généraux et leurs conseils, on comblait d'honneurs, de grades, d'emplois richement rétribués tous les rejetons des grandes familles indigènes, dans l'intention, sans doute, de nous les attacher, et nous voyons encore aujourd'hui, et certes ce ne sont pas les preuves qui ont manqué pendant toute la période de notre occupation, les trahisons que toutes ces condescendances ont attirées sur la colonie. Les chefs qui dirigent les insurgés appartiennent à toute la hiérarchie de la Légion d'honneur, depuis le simple chevalier jusqu'au grade le plus élevé.

Et cependant jamais notre joug n'a pesé sur les indigènes de l'Algérie. Nous leur avons assuré la plus entière liberté, notre commerce les a enrichis; pendant la famine, notre charité les a nourris, nous avons recueilli leurs orphelins, et au chaleureux appel de l'archevêque d'Alger, les bourses chrétiennes du monde entier se sont largement ouvertes, et ont déversé d'abondantes aumônes pour sauver la vie à des monstres qui ne s'en servent aujourd'hui que pour assassiner au milieu des tortures les plus infernales nos malheureux colons. — De plus le gouvernement militaire, dont l'aveuglement est resté pour moi, comme pour tous ceux qui connaissent bien l'Algérie, un phénomène incompréhensible, s'est toujours attaché à entourer les Arabes de tous les priviléges, de toutes les garanties possibles pour leurs biens, pour leurs personnes, pour leurs mœurs, pour leur fanatisme religieux, qu'on avait même l'air d'admirer et de mettre au-dessus de la religion chrétienne.

De leur côté les gouverneurs militaires se sont ingéniés à sauvegarder les Arabes du contact européen; on semblait attacher la plus grande importance à empêcher la civilisation de pénétrer jusque dans ces repaires de saleté immonde, d'ignorance sauvage, de barbarie atroce. L'administration française a traité ce peuple comme des frères égaux en civilisation et en sens moral, et infiniment mieux que les étrangers européens, et même que nos compatriotes.

Eh bien! je puis affirmer sans crainte d'être contredit même par les fauteurs les plus invétérés du gouvernement militaire, que ce système de générosité chevaleresque et d'égards inappréciés et plutôt considérés comme manifestations de faiblesse, si malheureusement pratiqué par le pouvoir des bureaux arabes, c'est-à-dire par le gouvernement qui a pesé sur l'Algérie jusqu'au 4 septembre 1870 ; ce système, dis-je, n'a produit aucun résultat salutaire, et au contraire

n'a fait que semer avec profusion les malheurs que nous ré-
coltons aujourd'hui.

Aujourd'hui les Arabes manifestent par leurs actes et leurs
paroles une haine pour les Européens encore plus intense et
surtout plus perfide qu'elle ne l'était au premier moment de
la conquête, et ce qui est plus humiliant pour notre amour-
propre de peuple civilisé et par conséquent ayant la préten-
tion d'être civilisateur, et de plus lamentable au point de vue
des intérêts de notre colonie, c'est que ce peuple que nous
avons conquis par la force seulement n'a pas fait le moindre
progrès, et n'a absolument rien changé ni dans ses mœurs,
ni dans ses idées, ni dans ses préjugés, ni dans son fanatisme,
ni dans sa misérable économie sociale. En un mot, on peut
affirmer que nous n'avons exercé absolument aucune influence
sur sa manière d'être, de penser et d'agir.

A quelque chose malheur est bon, dit le proverbe, et il y a
lieu d'espérer que les désastres qui viennent de frapper la colonie produiront une compensation adéquate, en ouvrant enfin
les yeux à ceux qui nous gouvernent, car la vérité finira bien
par se dégager des nuages que le gouvernement militaire
avait amoncelés sur les choses de l'Algérie; nuages que les
malheurs de notre temps tendent à dissiper d'une façon si lu-
gubre.

Je crains, et c'est un des motifs qui m'ont fait écrire ce
travail, que ceux qui en Algérie et en France ont la patrioti-
que et charitable pensée d'ouvrir notre colonie africaine
comme asile aux victimes de la guerre, et de recruter, dans les
populations ruinées et sans travail, les habitants qui manquent surtout à notre colonie, ne réfléchissent pas assez aux
conditions essentielles de toute colonisation, conditions sans
lesquelles la simple immigration d'un nombre plus ou moins
considérable de travailleurs ne fait qu'accroître les embarras
de la colonie au lieu d'être des éléments de croissance et de prospérité. Un émigrant qui débarque en Algérie ou ailleurs, sans
autre bagage que ses bras et sans autre but que celui de défricher un lot de terre inculte, mourrait infailliblement de

faim. Dans les pays sauvages, comme l'est encore la plus grande partie de l'Algérie, il y a cette différence entre la terre comme matière première et la terre des pays civilisés, c'est que dans ceux-ci la terre est non-seulement une matière première toute faite, toute prête à produire, mais c'est encore un engin que le travail de l'agriculteur a perfectionné et mis dans les meilleures conditions possibles pour accomplir l'œuvre de production qu'on lui confie, tandis qu'en Algérie, la terre est encore à l'état rude et grossier où l'abandon des hommes l'a réduite, et elle présente partout les obstacles de stérilité superficielle, de végétation parasite et désordonnée, de broussailles encombrantes par leurs tiges et par leurs racines dont l'extirpation demande un travail des plus pénibles ; en un mot, toute la sauvagerie dont la nature abandonnée à elle-même revêt en si peu de temps les terrains les plus fertiles.

Il est vrai que chaque parcelle de terre défrichée ajoute à la richesse d'une colonie, car cette nouvelle source de production créée par son existence même de nouveaux besoins et devient un atelier où les bras des travailleurs trouvent l'emploi qui les fait vivre ; mais c'est dans le premier défrichement de cette parcelle que gît toute la difficulté, et il est évident que le travail seul ne saurait résoudre cette difficulté. Le travail, s'il n'est pas vivifié par le capital, de même qu'il n'est point un élément de production, n'est point non plus un élément de colonisation. La terre non défrichée, d'un accès difficile et d'un autre côté sise dans un pays où les besoins sont restreints, n'est qu'une matière première inerte, et du simple contact de ce travail sans capital avec cette terre ingrate, la vie ne peut surgir. Ces deux éléments mis en présence ne peuvent ni s'allier ni rien produire.

En Algérie ce qui manque aux colons, ce n'est pas tant la terre, c'est surtout une population qui dépense, qui ait des besoins à satisfaire. Voilà la seule condition de prospérité, car c'est la seule qui puisse attirer le capital, élément indispensable pour faire fructifier la terre et le travail. Cela est si vrai que dans les centres européens situés dans l'intérieur du Tell et aux confins du Sahara on a quelquefois été obligé de créer des établissements militaires, pour faire vivre les colons en plaçant à leur portée les besoins d'une garnison. — La population arabe ne consomme rien de ce que nous produisons ; elle a peu de besoins, et ce peu elle y satisfait elle-même au moyen de ses cultures qui lui fournissent sa nourriture et du tissage grossier des femmes qui lui fournit ses vêtements. La fontaine ou le ruisseau voisin ou bien encore le lait des troupeaux donnent la boisson ; le poil du chameau fournit la tente ; les forêts ou les bois, tous les matériaux du gourbis. Les seules denrées que les Arabes sont disposés à nous acheter ce sont les fusils et la poudre, et cela pour nous combattre ; car l'Arabe en général n'est pas chasseur. La population indigène à ce point de vue essentiel n'est donc point pour l'Algérie un élément de vie ; le seul appoint qu'elle puisse fournir à la colonie, c'est un peu de travail accompli sans bonne volonté, sans intelligence, sans activité et surtout sans efficacité. Il y a bien aussi le commerce des bestiaux et de la laine, mais ce commerce n'étant point réciproque et l'argent que les Arabes reçoivent pour leurs denrées étant absolument soustrait à la circulation, les Arabes n'achetant presque rien aux Européens, cette source de prospérité devient complétement négative et ne réagit en aucune façon sur le bien-être de la colonie.

La proposition fondamentale des théoristes philanthropes qui recommandent l'émigration des gens qui ne peuvent gagner leur vie dans le vieux monde comme le remède le plus efficace contre le paupérisme, est en effet fort plausible. Un pays étant donné où la proportion de la population à la surface de ce pays est excessive, il n'y a rien de mieux à faire que de transférer cet excès de population dans un autre pays où la proportion de la surface est au contraire en excès sur celle de la population. Théoriquement rien ne saurait être plus logique, mais en pratique rien ne saurait être plus erroné ni plus désastreux. La vérité brutale est qu'un simple surplus de terre ne suffit pas pour assurer le soutien d'un surplus quelconque de travail ; ainsi que je l'ai remarqué plus haut, il faut d'autres conditions pour faire réussir l'émigration dans un pays nouveau, quelque riche qu'il soit, et malheureusement ces conditions ne sont pas faciles à réaliser. L'expérience nous enseigne au contraire que ces vastes territoires déserts des colonies n'offrent comparativement que des ressources bien insuffisantes à ceux qui ne peuvent vivre dans leur patrie et qui s'imaginent qu'une nouvelle demeure dans la solitude suffirait d'elle-même à leur fournir le confort et l'abondance qu'ils ne peuvent se procurer chez eux : je le répète, car c'est une vérité qu'on oublie trop facilement, le travail, soit dans le vieux monde, soit dans le nouveau, ne peut être rendu productif qu'à l'aide du capital. La terre inculte, unie au travail seulement, ne peut non plus produire le capital par cette seule combinaison, et comme dernière conclusion de ce que je viens de dire, on peut affirmer que ce qui rend surtout l'établissement de centres européens si laborieux et si difficile en Algérie, c'est le manque de population ayant des besoins à satisfaire, la population indigène, malgré sa prépondérance numérique, n'étant pas plus un élément de prospérité en ce sens que si elle n'existait point.

Partant de la proposition, que je viens de réfuter, on a cru devoir depuis quelque temps en Algérie et même en France et dans l'Assemblée nationale, proclamer avec force expressions patriotiques et philanthropiques, que les travailleurs sans emploi en Europe, et les cultivateurs ruinés par la guerre, n'ont qu'à venir occuper nos terres incultes, et qu'ils y trouveront par cela même le remède à leur pauvreté. L'Assemblée nationale a même voté la concession gratuite de 100,000 hectares, que du reste il serait fort difficile de trouver aujourd'hui en Algérie, aux Alsaciens et aux Lorrains qui voudraient bien les accepter. La vérité est que pour cela il faudrait un capital si considérable qu'il est extrêmement douteux que les malheureux qui se laisseraient séduire pussent s'empêcher de mourir de faim. La terre a beau être naturellement fertile, et c'est le cas en Algérie, cela est loin de suffire. Pour mettre cette terre en condition de produire, il faut dépenser beaucoup de temps et beaucoup d'argent, sans compter cette intelligence mûrie par l'expérience spéciale et pratique du cultivateur, qui seule peut guider des opérations de mise en valeur plus difficiles qu'on ne le croit, d'après les principes généraux de l'agriculture, et ceux plus importants encore qui naissent des exigences d'un climat nouveau et partant inconnu. Cette intelligence et cette expérience si indispensables à tout agriculteur, combien trouvera-t-on d'émigrants qui les possèdent ?

J'ai remarqué plus haut que ce ne sont pas les terres qui manquent aux émigrants : cette assertion a besoin d'être qualifiée ; il est vrai que l'État possède encore de grandes surfaces, malgré sa prodigalité si funeste et si insensée envers la Société algérienne à qui on a donné 100,000 hectares des meilleures terres de l'Algérie ; mais les terres qui sont encore disponibles sont peu ou point accessibles, et, à quelques exceptions près, tout à fait impropres à l'établissement immédiat de centres européens, tant par leur éloignement d'autres centres déjà fondés que par leur insalubrité, surtout s'il s'agissait d'y placer des familles du nord et de l'est de la France non habituées aux effets des climats chauds. Les seules terres offrant quelques conditions favorables, je le répète, ont été presque toutes aliénées en faveur d'une société égoïste qui ne s'en sert que comme moyen de revenu direct par la location aux indigènes et comme appoint de crédit pour amorcer ses actions. Toutes les autres terres qui ne sont pas possédées par les colons sont entre les mains des indigènes qui, on peut le dire, sont propriétaires, jusque dans les zones immédiates de nos villes et de nos villages, des terrains les plus propres à nos cultures. Cette population indigène de petits propriétaires est complétement inutile à la colonisation, parce qu'elle ne travaille que pour son compte, et elle ne consomme pas, et de plus elle constitue positivement un des plus sérieux obstacles à l'extension de la colonie en barrant toute issue par laquelle le trop-plein des colons pourrait se répandre et rayonner dans une zone plus étendue.

Je dirai plus loin quels sont les obstacles insurmontables

que la politique du gouvernement a su accumuler pour empêcher les Européens d'acquérir les terres possédées par les
Arabes. Ce que je vais raconter est à peine croyable, mais
comme ce sera de l'expérience personnelle, on verra que
mes appréciations ne seront point exagérées et l'on pourra ju-
ger des fautes de ceux qui ont présidé aux destinées de l'Algérie depuis quarante ans.

II

LA TERRE

Le voyageur qui, partant d'Alger par le chemin de fer maintenant ouvert jusqu'à Oran, pénètre dans la plaine de la Mitidja, après avoir traversé, depuis Hussein-Dey jusqu'à la
Maison-Carrée, ces miraculeuses cultures maraîchères où les
Mahonnais et les Espagnols font pousser avec tant d'art, de
patience et de travail, les fruits et les légumes, sans que la
terre chôme un seul jour, est surtout frappé par cette bigar-
rure étrange que présente l'aspect de cette riche et vaste
plaine, qui s'étale depuis la mer jusqu'aux montagnes de l'At-
las en une immense étendue de verdure ou de moissons
dorées. Là il aperçoit les plantations luxuriantes d'Eucalyptus
qui entourent les usines de M. Saulière, et les enveloppent
dans une masse de verdure et de fraîcheur qui contraste avec
de larges espaces adjacents dont la nudité et le sauvage abandon dénotent l'incurie et la paresse chez ceux qui les posse-
dent. Plus loin, après avoir traversé les champs si bien culti-
vés, les prairies si bien entretenues, des fermes groupées
autour de la gare de Birtouta, il tombe tout à coup et sans

transition aucune dans un vaste espace, nu, dépouillé et inculte. On demande instinctivement à quel négligent propriétaire peut appartenir ce magnifique domaine, dont la tranchée du chemin de fer fait reconnaître la richesse par la coupe d'un sol d'alluvion dont la Limagne d'Auvergne envierait la composition. — Ces propriétaires, voilà leur château, répond-on en montrant du doigt les misérables huttes de feuillage élevées çà et là et autour desquelles paissent quelques chétifs troupeaux. — Et les propriétaires eux-mêmes, voyez-les ; et on indique quelques misérables indigènes sortant de ces gourbis, couverts de sales haillons qui dissimulent à peine leur nudité. C'est le domaine des Ouled-Chebel, domaine sacré sur lequel nul Européen ne doit oser porter la main. — Cela veut dire que ce domaine de 7 à 800 hectares, des plus belles terres de la plaine de la Mitidja, situées aux portes d'Alger, doivent rester inviolablement la propriété d'une poignée de misérables indigènes qui y meurent de faim comme un avare sur un trésor inutile à lui et aux autres. Sous les anciens gouverneurs militaires, si par malheur on osait exprimer le regret de voir une semblable anomalie, alors que le gouvernement peut exproprier pour cause d'agrandissement de la colonisation, il fallait voir la sainte indignation des hauts fonctionnaires militaires et leur éloquence à propos de l'inviolabilité de la propriété arabe. Je le fis une fois pour l'acquit de ma conscience, mais je m'aperçus bientôt que j'avais mis le pied sur une torpille. Ainsi, pour compléter l'observation qui terminait mon premier chapitre, le fait est qu'au milieu même de nos centres les plus prospères, les plus européens par la vie active qui les anime et l'habileté qui préside aux cultures, le chancre indigène est resté attaché au sol comme une protestation contre notre conquête et comme une menace incessante contre nos propriétés. Eh bien ! c'est cet état de choses qui étouffe la colonisation en l'étreignant comme d'un cercle infranchissable et en l'empêchant de s'étendre, je ne dirai pas par l'immigration de nouveaux colons, mais par la seule expansion qui résulte de l'accroissement des familles.

Mais, dira-t-on, est-ce que ces propriétés arabes ne peuv[ent]
point passer entre des mains européennes par voie d'achat?
Certes, on ne saurait supposer qu'il existe des lois restrictives
qui empêchent soit les indigènes de vendre leurs terres, soit
les Européens de les acheter. Il est au contraire à présumer
que le gouvernement, anxieux de favoriser la colonisation, se
sera ingénié à aplanir les difficultés qui pourraient s'opposer
à cet échange libre de la terre, à amoindrir les démarches, les
formalités légales et surtout les frais, tout en sauvegardant
les intérêts de chacun par de simples formes qui, en raison
même de leur simplicité, deviendraient des titres indiscuta-
bles pour les acquéreurs. Pour qu'une colonie se développe,
cette politique large et libérale dont le but est d'ouvrir la voie
aux émigrants et surtout au capital, et qui sait adapter les
moyens administratifs et légaux à ce but de liberté, cette politique, dis-je, est indispensable. Sans elle tout reste restreint,
étiolé, comme une plante dans un vase trop étroit. C'est cette
politique qui a créé les États-Unis et l'Australie, la Californie
et la Nouvelle-Zélande. — Eh bien! quelque peu vraisem-
blable que soit une pareille assertion, j'affirme sans crainte
d'être contredit que c'est justement le contre-pied de cette
sage politique, que les gouvernements qui se sont succédés
dans notre colonie africaine ont adopté comme base de son
économie, comme principe de ses établissements européens,
et comme moyens administratifs et légaux.

Quand on vient à remuer cette stupide histoire de la colonisation de l'Algérie, quand on ramène à la surface, comme
un chiffonnier fait avec son crochet, toutes ces loques d'inep-
ties et d'absurdités, ce qui étonne le plus ce n'est pas tant la
bêtise routinière des administrations dont on a couvert cette
pauvre Algérie comme d'un réseau de chaînes, qui l'écrasent
et l'entravent, c'est que malgré tout cela, c'est-à-dire malgré
l'inintelligence, la raideur inflexible des institutions de la
mère patrie que l'on a introduites tout d'une pièce dans un
pays nouveau, malgré l'ineptie des gouverneurs, la morgue
insolente des employés, l'hostilité des bureaux arabes, l'i-

gnorance incroyable des militaires, l'orgueil des officiers sortant des écoles tout gonflés de théories et n'ayant pas un atome de pratique ni dans leur esprit ni dans leurs aptitudes ; en un mot, malgré tous les obstacles que cette horde d'administrateurs militaires et autres se sont efforcés, à l'envi, d'opposer à l'encontre du mouvement colonisateur et progressif, ce qui étonne, dis-je, c'est que l'Algérie ait vécu, c'est qu'elle soit ce qu'elle est encore aujourd'hui, c'est-à-dire une des plus belles conquêtes qu'une nation européenne ait jamais faites, et que les colons qui s'y sont attachés et qui y sèment leurs sueurs et leur capital, n'aient point rebuté à la tâche et se soient maintenus dans ce pays de leur adoption avec la ténacité, la persévérance et le courage qui sont leurs attributs. C'est que l'Algérie possède des ressources fécondes et inépuisables qui sont plus fortes que la bêtise humaine, une vitalité que l'ineptie des gouvernements qu'on lui a imposés n'a pu réussir à éteindre ; c'est que l'agitation révolutionnaire des esprits inquiets qui se sont réfugiés dans les villes principales et qui sont aussi étrangers aux éléments de la véritable colonisation que le fungus l'est à la végétation de l'arbre sur lequel il s'attache, n'a pu détourner le colon travailleur ni de la quiétude de sa vie laborieuse, ni de la voie conservatrice que son esprit pratique lui a tracée. Voilà une vérité qu'il importe de proclamer bien haut, car si l'on jugeait les colons algériens par les clameurs insensées des communards d'Alger, de Constantine et d'Oran, on commettrait une grave erreur et une injustice plus grande encore. Les colons de l'Algérie n'ont rien de commun avec ces agitateurs qui, du reste sont aussi peu redoutables par leur action qu'ils sont bruyants par leurs paroles.

Afin de bien éclairer la position actuelle des colons de l'Algérie, et de faire bien comprendre, à ceux qui auraient le dessein de venir s'y fixer, les conditions de l'exploitation du sol, je vais examiner aussi brièvement que possible les difficultés que présentent la terre, le climat et les institutions qui régissent les intérêts du colon, non dans l'intention de rebuter l'émigration, que j'appelle au contraire de tous mes vœux, mais dans celle d'éclairer tout le monde, et surtout de signaler à qui de droit les réformes urgentes que l'on doit apporter dans l'application des lois qui régissent la propriété immobilière en Algérie, lois qui, si elles ne sont point immédiatement et radicalement modifiées, continueront, comme elles l'ont fait jusqu'à présent, à rendre la colonisation absolument impossible.

Parlons d'abord du sol de l'Algérie.

On a coutume de vanter la richesse de la terre en Algérie. Il est bon de ne pas se faire d'illusion à cet égard. Cette richesse, après tout, n'est que relative et nullement absolue. D'abord, l'exploitation des Romains, qui ne comportait point la culture profonde, faute de moyens sans doute, car ils en comprenaient bien l'importance, puis la jachère permanente et inculte de plusieurs siècles, et enfin la routine arabe par ses récoltes successives de céréales, faites sans culture préalable et toujours sur le même terrain tant que la semence peut y germer : toutes ces causes ont fini par épuiser la terre de tous ses éléments organiques. Ce qui manque au sol algérien, c'est l'humus. La croissance désordonnée des mauvaises herbes, quelque luxuriante qu'elle soit, ne réussit pas même à réintégrer dans le sol les éléments organiques que ces herbes lui ont enlevés, d'abord parce que le soleil, en les desséchant, en empêche la décomposition, et ensuite parce qu'aucune culture ne vient en permettre l'absorption par le désagrégement et partant la porosité d'une couche arable quelconque. Avec la chaleur ardente du soleil, les plantes qui au printemps couvrent la surface du sol avec une luxuriance inconnue en Europe, se dessèchent sans se décomposer, et ce qui en reste après une véritable incinération ne restitue au sol, pour ainsi dire, que des résidus inorganiques. Ce serait donc étrangement s'abuser que de croire qu'il n'y a qu'à gratter le sol en Algérie pour y faire surgir des récoltes merveilleuses. C'est une manière enthousiaste de s'exprimer dont on abuse beaucoup trop. La vérité est qu'à l'exception de quelques plaines d'alluvion comme la Mitidja, la plaine

du Chélif et quelques autres vallées de remblai qui se trouvent dans l'intérieur du Tell, et sur le littoral dans les deltas
des grands cours d'eau, comme la plaine de Bône, le sol de
l'Algérie, même dans ces endroits privilégiés, est loin de produire le rendement qu'on obtient en Europe par la culture
améliorée et même avec la routine arriérée de nos districts
agricoles les moins avancés.

En Angleterre, où les conditions de climat et de fertilité
naturelle du sol sont infiniment inférieures à celles de l'Algérie, la moyenne de rendement des céréales peut être éva-
luée à 50 hectolitres à l'hectare. En France, où l'agriculture
est moins avancée et les moyens moins puissants surtout en
capital, la moyenne n'est guère que de 16 hectolitres. Mais
en Algérie, malgré une richesse naturelle plus grande, le
rendement moyen avec la culture européenne, atteint à peine
10 hectolitres. La culture arabe obtient à peine 6 pour 1.
Voilà la vérité ! Ce qui est encore vrai, toutefois, c'est que le
sol de l'Algérie, qui n'a jamais été profondément cultivé re-
cèle dans ses entrailles des réserves inépuisables d'éléments
minéraux qu'il s'agit tout simplement de vivifier par la culture profonde et par l'extrême division du sol : cette impor-
tante opération ayant pour effet mécanique de multiplier les
surfaces de contact avec l'atmosphère, dont l'action seule
suffit presque toujours pour reconstituer la nature du sol sur
lequel elle peut s'exercer en y remplaçant les éléments organiques, tels que l'ammoniaque et l'acide carbonique que
l'abandon, l'abus et l'incurie des générations qui se sont
succédé en ont éliminés.

Ce qui est encore vrai, c'est que, à cause de ce qui pré-
cède, les terres de l'Algérie ont plus besoin d'être travaillées,
piochées, labourées, hersées et roulées que celles de l'Europe
qui sont depuis si longtemps en culture. Il faut consacrer à
ces terres de l'Algérie plus de sueurs, plus de soin, plus de
jugement et plus de science agricole qu'à aucune que je con-
naisse en Europe, et cela non-seulement parce qu'elles sont
plus superficiellement épuisées par la négligence, l'abandon

et les abus, mais parce qu'elles sont plus envahies par le fléau terrible des mauvaises herbes en général et du chiendent en particulier qu'aucunes terres que j'aie jamais eu occasion d'observer dans ma longue carrière d'agronome.

Cette plaie des plantes parasites est d'autant plus sérieuse en Algérie que le système de culture généralement adopté, même par les Européens, ne comporte pour ainsi dire aucune récolte sarclée, et que par conséquent on ne fait rien pour combattre un mal qui peut être considéré comme un des plus grands ennemis de l'agriculture.

Les terres de l'Algérie sont naturellement fertiles, il est vrai, mais on peut affirmer qu'elles ne possèdent aucunes conditions exceptionnelles soit dans leur composition, soit dans les influences climatériques qui agissent sur leurs éléments, pour qu'elles puissent être considérées comme affranchies des exigences de culture, d'assolement et de fumure qui sont une nécessité pour toutes les terres cultivées en Europe ou ailleurs. La culture intensive des jardins maraîchers aux environs des villes algériennes donne une idée merveilleuse de ce que serait la production des terres de l'Algérie si elles étaient soumises à un système de culture quelconque, au lieu d'être livrées comme elles le sont aujourd'hui à une production épuisante, sans préparation de lit de semences, sans application d'engrais, puis abandonnées à un état de jachère soi-disant de fourrages, c'est-à-dire à la végétation désordonnée de toutes les mauvaises herbes connues dans la botanique agricole, telles que chardons, chiendent, ivraie, carottes sauvages, ravenelles, bourraches, etc. Il est donc indispensable que les agriculteurs algériens apportent des modifications radicales dans leurs systèmes de culture avant de s'attendre à obtenir même la moyenne du rendement des terres de France. Par exemple, on ne saurait douter qu'avec un assolement basé sur les conditions locales de chaque région, mais qui admettrait une culture sarclée et fumée au moins tous les six ans, comprenant par conséquent le sixième de la surface de chaque exploitation en en laissant le tiers en jachère de pâturages, les terres ne pussent donner un rendement supérieur même à celui de l'Angleterre.

Les avantages de la culture profonde, par exemple, ont rarement été démontrés d'une façon aussi éclatante que par l'état des récoltes de cette année. L'hiver ayant été très-humide, les labours, qui ne commencent qu'après la chute des premières pluies, ont été entravés dans les terres fortes des plaines. Les semailles ont eu lieu fort tard, et à cet hiver pluvieux un printemps extraordinairement sec ayant succédé, la sécheresse a étiolé toutes les céréales semées tardivement, de sorte que les orges, les avoines et une grande partie des blés tardivement semés ont été presque totalement perdus. Ce malheur ajouté au manque de la récolte des fourrages fera une année désastreuse pour l'Algérie. Eh bien! sur toutes les terres qui dans la plaine de Mitidja ont été profondément labourées et surtout celles qui ont été labourées avec les charrues à vapeur, les récoltes ont été invariablement superbes, car les plantes ont trouvé, emmagasinée dans le sol profondément fouillé, une quantité suffisante d'humidité pour résister aux effets de la sécheresse.

Ainsi pour me résumer : ce qui manque au sol de l'Algérie, ce ne sont pas les éléments minéraux, qui y existent au contraire en quantités pratiquement inépuisables, mais ce sont les acides humique et ulmique, c'est-à-dire les éléments organiques les plus nécessaires à la végétation : l'ammoniaque et le carbone, qui ne peuvent lui être rendus que par la préparation des terres, préparation qui, presque partout, serait amplement suffisante pour réintégrer les éléments organiques en facilitant la pénétration de l'air et l'absorption des acides nitrique et carbonique que l'atmosphère contient ; ou bien encore, cette restauration du sol peut se faire par l'application des engrais que presque personne ne pratique, si ce n'est pour la culture maraîchère.

Les difficultés du climat, il faut le reconnaître, sont pour beaucoup dans l'économie d'expédients qui caractérise l'agriculture algérienne. Ainsi la préparation du lit de semence étant subordonnée à la chute des premières pluies d'automne qui permettent seules de faire pénétrer la charrue dans le sol durci par la chaleur intense de l'été, il est difficile de donner à la terre toutes les préparations convenables, car il faut se hâter et ne pas perdre un seul jour. L'époque des semailles est plus courte qu'en Europe, où l'on peut semer les orges, les avoines et même les blés au printemps. Ici il faut tout semer en hiver sous peine de ne rien récolter. Aussi les terres sont-elles mal préparées, surtout pour les orges et pour les lins qui, comme on le sait, demandent un lit de semence complétement ameubli et pulvérisé. C'est sans doute l'impossibilité où se trouvent les Arabes et un grand nombre de colons de donner à leurs terres la préparation convenable qui les force à semer les orges même avant les blés, dès le mois de novembre. En semant plus tard ils s'exposeraient à une période de sécheresse qui tuerait le germe du grain exposé à l'air imparfaitement garanti qu'il est par les grosses mottes de la terre rudement ouverte. Dans ces conditions l'orge trouve assez d'humidité pour germer, mais pas assez pour végéter. Avec un labour bien fait, un lit de semence bien pulvérisé, de manière à recouvrir complétement les graines et à les soustraire au desséchement de l'air et du soleil, on pourrait semer les orges beaucoup plus tard avec impunité et réserver aux semailles des blés toute la période si précieuse des mois de novembre et de décembre.

Cette année-ci, les orges semées tardivement dans bien des districts, n'ont pas même levé. Jetées sur un sol rugueux, incomplétement recouvertes, exposées à l'air et au soleil, les semences ont germé; mais faute d'humidité et d'abri, elles n'ont pas végété, et le germe a été détruit par la sécheresse.

III

LES BUREAUX ARABES

Avant d'examiner les effets lamentables que produisent en Algérie les lois qui régissent la propriété immobilière, je crois utile d'exposer ici le caractère, la politique, les traditions et les idiosyncrasies de l'institution des bureaux arabes, car c'est dans cette étude que nous retrouverons les causes principales qui ont entravé et entraveront encore la colonisation de l'Algérie.

Depuis longtemps déjà et jusqu'à la révolution du 4 septembre dernier, l'institution des bureaux arabes a été celle qui a gouverné l'Algérie, et cela d'une façon non relative, mais absolue. Les gouverneurs généraux, tous militaires, n'ont jamais exercé leur initiative indépendante que dans de légères questions de détail. Le véritable siége du gouvernement de la colonie était dans le cabinet du chef du bureau politique, et c'est de là que partaient toute impulsion, toute volonté, c'est là que se fabriquaient et les proclamations et les discours qu'on mettait dans la bouche des gouverneurs généraux, c'est là que s'élaboraient les statistiques à effet, qui en Algérie ne trompaient personne, mais qui, dans le Sénat, enlevaient les applaudissements séniles et excitaient l'enthousiasme des vieilles gloires de la France. C'est dans cette officine qu'aboutissaient tous les fils qui, dans toutes les parties de l'Algérie, depuis les extrémités du Sahara jusqu'à la mer, depuis le Maroc jusqu'en Tunisie, couvraient le pays comme d'un réseau et servaient d'instrument à la vigilance et à l'action du bureau politique, au moyen d'une organisation aussi parfaite que possible et qui restera comme un monument d'administration habile aussi simple dans ses rouages que puissante dans son action.

Cette institution purement arabe a toujours inspiré aux colons et autres habitants européens de l'Algérie l'hostilité la plus intense, et cela à bon droit, comme je vais le prouver tout à l'heure. Ce sentiment d'animosité a, comme toujours, donné lieu à des exagérations calomnieuses et à des accusations nullement méritées. On a prétendu et d'aucuns prétendent encore que tous les soulèvements des indigènes étaient dus aux excitations des bureaux arabes qui, à un moment donné et surtout à l'époque où le Corps législatif discutait les affaires de la colonie, ne manquaient jamais de faire surgir quelque bonne petite insurrection, dont la nouvelle arrivait à point et pesait comme un argument indiscutable en faveur du maintien des bureaux arabes, en prouvant leur nécessité. Je n'ai jamais cru et je ne crois pas encore à cette odieuse calomnie. Dans tous les soulèvements des indigènes on a toujours vu les officiers des bureaux arabes donner vaillamment de leur personne à la tête des goums de leurs districts et combattre comme de braves et intelligents militaires toutes les tentatives de soulèvement qui avaient lieu à leur portée. Un grand nombre y ont laissé leur vie, et quand on court de si grands risques on ne joue pas, même dans un but dont on ne voit guère l'utilité après tout, avec des surexcitations aussi périlleuses et qu'un simple échec pourrait transformer en conflagration générale. On a aussi insinué que le personnel des bureaux arabes abusait de sa position auprès des grands chefs et même des caïds pour s'enrichir en recevant de précieux cadeaux et en vendant même les faveurs dont ils pouvaient disposer, et cela au préjudice des pauvres indigènes que leurs chefs immédiats tondaient et taillaient à merci pour satisfaire la péculation des officiers. On cite même encore aujourd'hui des fortunes subitement acquises et tout à fait inexplicables. Voilà encore, je le crois, une calomnie qui ne repose sur aucun fait bien avéré. Il est possible qu'il y ait eu, dans le nombre des officiers français employés aux bureaux arabes, des gens indiscrets et peu scrupuleux, mais je puis affirmer que c'est l'exception et que, en général, les officiers des bureaux arabes comptent parmi les plus honorables de l'armée.

Ainsi, lorsqu'on attaque l'institution des bureaux arabes par ce côté-là, on fait fausse route, et malheureusement la partie vulnérable de ce pouvoir si funeste aux destinées de la colonie présente un caractère beaucoup plus pernicieux que les concussions et les abus commis par quelques officiers malhonnêtes et avides.

Le vice radical de l'institution des bureaux arabes dont l'administration, je le répète, est un véritable modèle de simplicité, d'activité et d'efficacité, c'est qu'elle s'est proposé pour but, un intérêt non-seulement exclusivement arabe, mais absolument antieuropéen, anticolonisateur, et cela avec la connivence et l'appui des gouverneurs généraux et de leurs conseils. Toute la hiérarchie administrative, depuis l'empereur et les ministres de la guerre jusqu'au simple caporal du plus infime des bureaux arabes, semblaient considérer leur mission en Algérie comme exclusivement consacrée aux indigènes. C'était tout bonnement un gouvernement français substitué à celui des Turcs, et on ne paraissait être là que pour sauvegarder les intérêts et présider aux destinées des Arabes, et cela à l'exclusion *hostile*, je souligne le mot, des intérêts de la colonisation européenne. Les droits de la conquête ont été jusqu'à présent entièrement méconnus, et ce sentiment était tellement devenu une tradition dans la politique des bureaux arabes, que cette politique semblait n'avoir d'autre but que celui d'empêcher l'extension de la colonisation européenne et de mettre tous les obstacles possibles au simple contact des deux races.

J'ai été longtemps avant de pouvoir m'expliquer cette étrange idiosyncrasie. Ce n'est qu'après avoir lu l'ouvrage du général de Daumas, et les chasses de l'infortuné général Marguerite, que j'ai pu me rendre compte du sentiment si exclusivement arabe qui fait le fond de la politique du pouvoir militaire en Algérie.

Dans ces ouvrages, j'ai pu me convaincre que le côté pittoresque, fantaisiste et vraiment original des mœurs de la vie arabe a complétement séduit une société militaire mise en contact constant et exclusif avec cette existence de sauvage indépendance du désert. Le courage incontestable des Arabes, leur mépris du danger, leur héroïque patience dans les fatigues et les privations, leur sobriété, leur force physique, leur habileté à monter à cheval, leur enthousiasme de la lutte, leur facile enivrement par l'odeur de la poudre, leurs mœurs de bohèmes sauvages, enfin tout ce qu'il y a de poésie dans leur vie patriarcale et libre, a dû naturellement fasciner la pente chevaleresque qui caractérise le militaire français. Pour tous ceux qui, comme moi, sont initiés au charme de la vie libre du désert, pour tous ceux qui ont des goûts cynégétiques et qui aiment les péripéties émouvantes des chasses légendaires, cette séduction paraîtra naturelle. Avec une semblable disposition d'esprit, il n'est pas difficile de comprendre que nos officiers, administrateurs de ce peuple astucieux et essentiellement flatteur envers la force, se soient laissé séduire par l'obséquiosité, les baisements de main, les cadeaux de chevaux, de tapis, d'armures, de peaux de lion et de panthère, et surtout par ce caractère de noblesse native et de grande allure que l'Arabe, même le plus humble et le plus vulgaire, sait si facilement et si bien revêtir. Cette séduction se trouvait d'ailleurs renforcée par la rigidité des principes religieux qui, chez le musulman, constitue une véritable force qui en impose; et nos braves militaires, fascinés par ces conditions d'existence, offrant un contraste si frappant avec celles du milieu auquel ils étaient habitués, ont tout bonnement cru qu'ils avaient à faire à un peuple possédant une religion et une civilisation supérieures aux nôtres, et que ce qu'il y avait de mieux à faire, c'était de conserver avec un soin jaloux la société arabe telle qu'ils la voyaient et d'empêcher par tous les moyens possibles que la civilisation européenne avec ses idées réalistes, ses charrues et les systèmes de culture qu'elles représentent, ses usines, sa fumée, son activité triviale et utilitaire, son esprit mercantile, enfin tout son attirail colonisateur, ne vînt dissiper ce splendide mirage du désert et détruire ce royaume arabe dont l'administration militaire était la reine adulée et la suzeraine absolue.

Je me demande froidement, aujourd'hui que cette puissance colossale est ébranlée, sinon abattue, comment on peut expliquer autrement cette anomalie qui a contenu si longtemps l'essor de la colonisation, qui l'a restreinte dans des limites infranchissables, qui a élevé pour ainsi dire une muraille de la Chine à l'encontre de la pénétration de l'élément européen dans le cœur du pays arabe, et qui a empêché avec un soin aussi jaloux toute ingérence civile dans les affaires d'un peuple de conquis dont les intérêts matériels devraient, par le droit même de la conquête, être subordonnés à ceux des conquérants.

Cette politique si exclusivement arabe avait pris un tel degré de partialité musulmane que la situation économique et politique de l'Algérie peut être définie par une formule de simple tolérance en faveur des Français et des étrangers européens. Le fait incontestable est que, aux yeux du pouvoir militaire, nous autres Français nous n'étions pas chez nous. Le gouvernement des Arabes *tolérait* nos établissements sur certains points d'étendue fort restreinte, dénommés *territoire civil*. Mais au delà de cette zone parfaitement déterminée et socialement et politiquement, nous n'avions point et nous n'avons pas encore le droit de pénétrer, pas même à l'aide de nos capitaux. Cette ligne de démarcation entre les territoires civil et militaire était établie avec un soin si jaloux que nos bons gendarmes n'avaient pas le droit de poursuivre et d'arrêter un malfaiteur dès qu'il avait outrepassé la limite du territoire civil et s'était réfugié dans le territoire militaire. L'enjambée d'un ruisseau, un bond par-dessus un buisson, déterminaient immédiatement un droit de refuge inviolable, et malheur au gardien de la tranquillité publique en territoire civil qui eût osé mettre la main sur un voleur et même sur un assassin réfugié dans la zone militaire.

Le territoire militaire, c'est la presque totalité de l'Algérie. Nos villages européens en sont enveloppés comme d'un rempart ouvert à l'agression, inutile pour la défense. Lorsque dans les derniers temps la force de l'opinion publique a contraint le gouverneur de l'Algérie à faire une plus large part à l'élément civil, il a fallu débattre ces cessions de territoire comme entre deux ennemis qui font un traité; jamais on n'aurait pu croire, à voir ces débats, qu'il s'agissait de la France seule. Ce n'est que tout récemment qu'on a permis aux Européens d'acheter des terres aux Arabes, et il y a encore des catégories de biens, tels que les propriétés *arch*, c'est-à-dire appartenant collectivement aux tribus, qui sont déclarées inaliénables. Les tribus n'ont le droit de vendre aucune terre propre à la culture, et c'est ce qui explique l'existence de ce domaine inculte des Ouled-Chebel à la porte d'Alger, dont j'ai déjà parlé. Il n'y a que les propriétés *melk* ou appartenant à des familles, que les Européens peuvent acheter, mais dans quelles conditions et à quels risques, c'est ce que je vais exposer tout à l'heure.

On sait que c'est le pouvoir militaire qui a été chargé d'appliquer le fameux sénatus-consulte. — Cette mesure, si on l'avait exécutée avec intelligence et en tenant compte des droits de la conquête, eût été très-favorable au développement de la colonisation, car elle avait pour but de délimiter la propriété indigène, de la distribuer entre des groupes bien définis, de manière à préciser la part de chaque propriétaire en lui donnant un titre indiscutable. Cette mesure déterminait aussi la part du Domaine, comprenant les terres qui, sous la domination des Turcs, appartenaient au Beylick, c'est-à-dire au gouvernement du Bey. L'administration des forêts se faisait aussi sa part en revendiquant et en s'appropriant tout ce qui pouvait être regardé comme forêt ou susceptible de le devenir. On voit que cette opération du sénatus-consulte avait un but fort utile, et que si on l'avait appliqué d'une manière consciencieuse et intelligente, on eût pu, sans injustice envers les indigènes, réserver aux besoins de la colonisation européenne une large part dans cette vaste étendue de terres qui n'appartenaient pour ainsi dire à personne.

C'est précisément ce qu'on a négligé de faire.

Les indigènes étaient chaleureusement et on peut dire passionnément représentés par les bureaux arabes dans les commissions du sénatus-consulte, puis venait le Domaine qui ne s'occupait que de reconnaître les terres du Beylick. Les Forêts ne songeaient qu'aux parties boisées; mais quant à la France, c'est-à-dire à la colonisation basée sur le droit de conquête, on n'y songeait même pas. Il y avait bien un membre civil par chaque commission, mais il partageait le sort de toutes les minorités infimes et impopulaires, et il était à peine écouté. Aussi je n'hésite point à affirmer que dans l'exécution du sénatus-consulte faite par les bureaux arabes, les droits de la colonisation ont été presque partout sacrifiés de la façon la plus déloyale et la plus injuste. Je vais en citer un exemple.

Entre les villages de Barral et de Duvivier, sur la route de Bône à Soukaras, dans la province de Constantine, le chemin longe la vallée de la Seybouse, sur la rive gauche de cette rivière. Cette vallée est splendide; les vastes forêts des Beni-Sala l'enveloppent de toutes parts, la rivière poursuit ses méandres gracieux à travers une plaine dont la richesse n'est surpassé nulle part au monde. Cette plaine parfois se rétrécit, plus loin elle s'élargit en vastes espaces qui offrent des champs magnifiques à la culture. La rive gauche surtout, celle où passe la route, présente les aspects les plus pittoresques, on se croirait dans ces régions du nouveau monde chantées par Chateaubriand ou décrites par Humboldt. De magnifiques bois d'oliviers, presque tous greffés par l'administration des forêts, couvrent les croupes arrondies des collines. Il serait impossible, en un mot, de trouver dans toute l'Afrique un lieu plus propice de la colonisation. Aussi, avait-on recommandé à la commission du sénatus-consulte qui opérait dans ce paradis terrestre, de réserver des terrains pour y placer les rejetons des familles de Mondovi, de Barral et des autres villages environnants qui, faute de terres, ne pouvaient plus s'étendre, et dont les lots restreints ne suffisaient plus à l'entretien des familles devenues trop nombreuses et qui par conséquent avaient besoin de se dédoubler. En effet, quelques lots de 25 à 50 hectares furent parcimonieusement mis de côté dans ce but, et le reste de ce beau pays, des milliers d'hectares, furent donnés à la tribu des Beni-Salas, c'est-à-dire à une poignée de sauvages qui ont toujours été nos ennemis les plus acharnés, et qui se sont toujours distingués par leur férocité et leur promptitude à se révolter, toutes les fois qu'ils en ont trouvé l'occasion[1].

La route départementale étant construite sur la rive gauche de la Seybouse, l'idée de choisir les terres de colonisation sur ce côté de la vallée se suggérait d'elle-même aux esprits les moins intelligents. Les Arabes ne mettent jamais roue sur terre, ils ne connaissent que la bête de somme pour transporter leurs fardeaux, ils n'ont ni chariots, ni voitures; une route carrossable leur est donc inutile, tandis que pour le colon, un véhicule à roues est indispensable. Eh bien, croira-t-on que c'est justement cette rive gauche avec sa route que l'on a donnée aux indigènes, et que c'est sur la rive droite que les malheureux colons ont été relégués, de sorte que dans l'hiver, lorsque la rivière n'est plus guéable, les colons seront obligés d'aller jusqu'à Duvivier, c'est-à-dire de faire un détour de 20 à 50 kilomètres pour traverser la rivière sur le pont qu'on vient de construire auprès de ce village, afin de se rendre chez eux. Puis ces magnifiques bois d'oliviers qu'on a donnés aux Arabes, sait-on ce qu'ils en font? des piquets de tente et des abatis pour renfermer leurs troupeaux

[1] Depuis que ces lignes sont écrites, les magnifiques forêts des Beni-Salas ont été incendiées par la tribu révoltée, l'auteur dans un récent voyage à Tunis les a vu lui-même flamboyer à l'horizon comme une immense aurore boréale ainsi que toutes celles qui se trouvent entre Bougie et Collo, sur une étendue de plus de 200 kilomètres.

la nuit, c'est-à-dire qu'ils les détruisent avec leur insouciance et leur imprévoyance habituelles.

Ce que je viens de raconter peut et doit paraître invraisemblable ou au moins exagéré. Mais qu'on sache bien que j'ai assisté moi-même au tirage au sort des lots qui ont été distribués aux colons, et que j'ai aussi assisté à l'installation de plusieurs d'entre eux. Ce que je raconte, je l'ai donc vu et observé moi-même.

Pour donner une idée de l'incroyable légèreté avec laquelle cette distribution de territoire se faisait, je vais citer un autre exemple. Il y avait un parti pris tellement obstiné d'empêcher l'établissement d'un Européen quelconque sur cette rive gauche de la Seybouse, que même les sociétés qui exploitent les forêts de la rive droite ne pouvaient établir de dépôts pour leurs produits, ni aucun établissement sur la route de la rive gauche où cependant ils étaient obligés d'apporter les bois, pour les transporter à Bône. Dans la tournée que je fis avec le préfet de Constantine, au printemps de 1870, justement pour installer les nouveaux colons, nous nous arrêtâmes à un des plus beaux sites de cette magnifique plaine, dans un endroit où elle s'élargissait à l'embouchure d'une vallée latérale, et nous nous extasions devant les beautés naturelles d'un lieu si bien situé pour l'emplacement d'un village, d'autant plus que devant nous, sur la route, nous apercevions quelques maisons européennes et un grand chantier à bois en voie de construction. Comme nous savions que toute cette rive gauche appartenait exclusivement aux Arabes, nous exprimâmes notre étonnement au directeur de ce petit établissement forestier de ce qu'il avait pu trouver un coin de terre pour s'y établir, car nul Européen ne pouvait même acheter la moindre parcelle aux Arabes, à quelque prix que ce fût. Il nous répondit que, à la suite d'un déjeuner copieux auquel il avait invité le jeune lieutenant des bureaux arabes chargé des opérations du sénatus-consulte, il avait pu obtenir par pure camaraderie la cession d'un hectare, pour y construire son magasin à bois!

Du reste, presque nulle part cette opération du sénatus-consulte n'a été sérieusement faite. Les géomètres faisaient de simples levers à vue. On ne tenait aucun compte des anciennes limites des propriétés. Le caprice et la négligence des opérateurs présidaient au placement des bornes que les tribus que ce changement favorise ne manquent pas de revendiquer aujourd'hui comme des limites légales remplaçant les anciennes. De là une source de contestations et de procès dont on ne saurait prévoir ni la fin ni les conséquences désastreuses.

En résumé, on peut dire que ce qui fait le fond de la politique des bureaux arabes, c'est le culte de l'indigène, et la haine du colon et de tout ce qui favorise la colonisation. Ce culte de l'indigène a été jusqu'à lui construire des mosquées et lui fournir des transports gratuits pour se rendre à la Mecque. Il n'y a pas bien longtemps qu'on mettait chaque année des frégates à la disposition des pèlerins qui allaient retremper à ce foyer de fanatisme leur haine contre nous. On rappelait encore dernièrement cet édit d'un général commandant la province d'Oran, qui réglementait le nombre de porcs que chaque colon devait élever, afin de ne pas trop froisser les préjugés des Arabes contre l'espèce porcine. Malheur au colon dont les truies étaient trop fécondes, on le mettait impitoyablement à l'amende pour le crime impardonnable d'offusquer les habitants du gourbi voisin par la vue de ces animaux odieux au musulman.

Je le répète, l'esprit de la politique des bureaux arabes se caractérise surtout par une partialité flagrante pour une race conquise, et cela aux dépens de la colonisation européenne, c'est-à-dire au mépris coupable de nos droits de conquérants.

IV

LA PROPRIÉTÉ

Avant de quitter le sujet des bureaux arabes, je devrais sans doute décrire les efforts qu'ils ont faits pour améliorer l'agriculture indigène; ce n'est certes pas la partie la moins curieuse de leur histoire, mais j'ai hâte d'entamer l'important sujet des lois immobilières en Algérie, car c'est là le véritable nœud de l'avenir de la colonisation. Ce sont ces lois qui l'ont entravée, et c'est, par conséquent, la réforme de ces abus intolérables qui doit appeler l'attention immédiate de nos législateurs. Plus tard je dirai, dans un autre travail, quelle a été l'action civilisatrice des bureaux arabes sur les indigènes, quels efforts ils ont tentés pour améliorer leurs systèmes de culture et d'élevage, quelles mesures ils ont prises pour instruire à part la jeunesse arabe, en dehors de l'influence de nos écoles et de nos lycées, et quelle inanité de résultats est venue démontrer le vice radical de leur politique antinationale. Ce sera, je le répète, une histoire fort curieuse.

J'ai déjà remarqué que même dans les territoires civils, c'est-à-dire dans les parties de l'Algérie où la colonisation a pris pied, une grande partie des terres appartiennent encore aux indigènes, tandis que dans le territoire militaire elles leur appartiennent toutes, à l'exception des 100,000 hectares donnés à la Société algérienne et des terres qui appartiennent encore à l'État. La plupart de ces terres sont trop éloignées des centres européens, et trop inaccessibles, faute de routes, pour qu'on puisse songer à les utiliser pour la colonisation. Aussi l'attention des colons et des capitalistes s'est-elle naturellement portée sur les terres adjacentes aux territoires déjà colonisés et appartenant toutes aux Arabes. Parmi ces terres, celles qui sont *arch*, c'est-à-dire appartenant collectivement à la tribu, sont inaliénables. Nos intelligents administrateurs ont fait une loi expresse pour empêcher les Européens d'y pénétrer, et il importe que cette loi soit immédiatement abrogée et que la propriété *arch* soit partagée entre les familles de la tribu, et que chaque propriétaire puisse en disposer comme bon lui semblera. Il est temps que cette protection outrée des indigènes contre le progrès de la colonisation cesse d'être sanctionnée par des lois faites par nous contre nous-mêmes. L'Arabe doit subir le sort du conquis, il doit ou s'assimiler à notre civilisation ou disparaître : voilà la loi qu'il doit fatalement subir.

Il est maintenant admis de tous ceux qui, en dehors des préjugés arabes, ont étudié l'Algérie, que la civilisation des indigènes par les moyens directs est tout simplement une utopie. J'entends par moyens directs: la création chez les Arabes des institutions libérales, telles que la garantie absolue de leur avoir, l'administration de la justice de la manière la plus impartiale que leur rude bon sens puisse désirer, l'immunité contre l'arbitraire de leurs chefs, la tolérance la plus complète de leurs croyances religieuses et le respect même légal de leurs mœurs et de leurs institutions sociales. J'ajoute même à cette énumération, pour que rien n'y manque, l'éducation dans nos sciences et dans nos arts, depuis les notions élémentaires de l'instruction primaire, jusqu'à l'instruction plus étendue et plus solide des lycées et même des cours spéciaux. Eh bien ! tout cela mis en pratique, et c'est ce que les bureaux arabes se sont évertués à accomplir, tous ces avantages acquis aux indigènes depuis longtemps déjà, n'ont réussi à aucun degré appréciable, et ne réussiront jamais à assimiler ces rudes populations à nos personnes, à nos institutions sociales, à notre sens moral, en un mot aux exigences légitimes de notre manière d'être et de notre civilisation. Espérer le contraire, c'est le propre d'esprits étroits et prévenus, mais pour les gens pratiques qui savent réaliser les faits tels qu'ils se présentent à l'observation, ces moyens directs si préconisés par le pouvoir militaire, malgré ses échecs manifestes, ne pourront exercer dans l'avenir, pas plus qu'ils ne l'ont fait jusqu'à présent, aucun effet salutaire, aucune action appréciable, si ce n'est un plus grand éloignement de la part des indigènes et une haine plus intense contre nous.

Les Arabes sont aujourd'hui ce qu'ils étaient au moment de la conquête en ce qui regarde leurs mœurs, leur éducation et leur manière d'être, de penser et d'agir ; mais quant à leurs sentiments à notre égard, il existe chez eux un plus grand éloignement et un désir plus ardent d'échapper à notre joug, quelque léger qu'il soit, qu'à aucune époque de notre occupation de leur pays. Voilà ce que nous a valu la politique de conciliation des bureaux arabes, et voilà ce qu'on peut attendre pour l'avenir, tant que les générations nouvelles des indigènes continueront à subir les influences de l'éducation qui leur est donnée et celles plus puissantes encore du milieu où elles se développent et arrivent à maturité.

Tout cela est reconnu aujourd'hui ; mais il y a des gens et des plus influents qui viennent dire, qu'après tout, les indigènes peuvent très-bien conserver tout ce qui les sépare de nous, qu'ils peuvent exister avec toutes leurs institutions, leur sens moral, tel qu'ils le comprennent, c'est-à-dire l'antithèse de notre sens moral à nous, leurs croyances, leurs arts si rudes, leurs coutumes si barbares, leur état sauvage en un mot, côte à côte avec notre éducation, nos arts, nos mœurs, notre esthétique morale et matérielle, en d'autres termes, notre civilisation ! Oser soutenir une pareille proposition, c'est le comble de l'aveuglement et de la sottise. Une semblable tolérance n'est ni pratique ni possible. La civilisation européenne vis-à-vis de la vie sauvage est impitoyable. Cette civilisation subit la loi de la force qui la pousse en avant, absorbant tout ce qu'elle peut s'assimiler, écrasant tout ce qui lui fait obstacle. C'est cette loi qu'ont subie tous les peuples barbares dont les pays ont été envahis par l'émigration européenne, et cela dans toutes les circonstances les plus variées, dans toutes les zones, dans toutes les latitudes, dans tous les climats, et il ne faut pas se le dissimuler, c'est cette loi que doivent subir les indigènes de l'Algérie si la France persiste à y maintenir son autorité.

Il ne s'agit donc plus de continuer la politique conservatrice des bureaux arabes qui borne le rôle de la France à la simple et exclusive administration des intérêts du peuple indigène, et cela en antagonisme contre ceux de la colonie; il faut aujourd'hui faire tomber les obstacles qui s'opposent encore à la pénétration de l'élément européen au beau milieu du territoire arabe, par le capital, par l'activité du colon, en rendant l'échange de la terre libre et facile.

Un moment de réflexion fait comprendre que d'un côté la cessation de l'indivision communiste du sol qui est la règle en Algérie, et de l'autre la liberté et la facilité de l'échange de la propriété immobilière, accompliront à coup sûr une révolution salutaire et féconde dans l'esprit des Arabes comme dans leurs conditions d'existence, révolution qui seule pourra les civiliser et nous les assimiler. Avec l'état indivis de la propriété soit dans les tribus, soit dans les familles, comment peut-on espérer introduire dans la condition et la manière d'être indigènes le moindre germe de progrès? Dans l'état actuel des choses, l'Arabe et même l'Européen acquéreurs de parts dans une propriété indivise, et elles le sont toutes ou presque toutes, ne peuvent considérer comme leur propriété exclusive aucun point du territoire qu'ils occupent. Par conséquent, ils ne peuvent y fonder rien de permanent; ils ne peuvent ni construire, ni défricher, ni planter, car ce ne serait pas pour soi qu'on ferait toutes ces créations, toutes ces améliorations, ce serait au contraire contre soi-même; car en cas de licitation ou de partage, ces créations, ces améliorations constitueraient une valeur que, si on voulait l'acquérir, on serait obligé de payer comme si on ne l'avait point créée. De là l'immobilité de l'Arabe, de là son insouciance, de là sa négligence et sa barbarie. Ce qui lui manque, c'est surtout le sentiment de la propriété, qui seul attache au sol, qui seul éveille l'activité du travail, l'ambition du progrès, l'amour de l'avoir, la prudence de l'épargne, toutes qualités qui font complétement défaut aux Arabes. Aussi ne pouvant construire sur un terrain qui ne lui appartient point d'une manière définie, il s'élève un simple abri fait avec des branches et des piquets, espèce de hutte sale, basse, enfumée, ouverte au vent et à la pluie et dans laquelle il vit pêle-mêle avec ses animaux ; ou bien il s'abrite sous une tente mobile, sans attache au sol, absolument comme les animaux à l'état de nature. Dans de semblables conditions de la propriété immobilière, conditions que le gouvernement s'est ingénié à conserver, comment peut-on espérer que le progrès se fasse et que la colonisation s'étende ?

Pour donner une idée des difficultés insurmontables qui découlent de cet état de choses, je vais décrire la position d'un colon qui voudrait acquérir une part indivise d'une propriété arabe. Cette description sera bien humiliante pour nous, car il est pénible de constater qu'après quarante ans d'occupation de notre conquête algérienne, nous soyons encore sous l'action décourageante et absolument négative de semblables anomalies.

Ce qui suit n'est point un récit fantaisiste ni une hypothèse plus ou moins plausible. C'est ma propre histoire que je vais raconter, et je puis garantir que cette position dans laquelle les lois en vigueur m'ont placé n'est en quoi que ce soit exceptionnelle : c'est la règle générale pour tous les Européens qui auraient la fantaisie malheureuse de consacrer leurs capitaux et leur énergie à l'acquisition et à l'exploitation de terres en Algérie, tant que les conditions que le gouvernement français a établies dans le but d'empêcher la colonisation resteront en vigueur.

Il est bon d'observer qu'il ne s'agit point ici d'une spéculation malheureuse qui a échoué par ma faute ou le manque do moyens d'action, mais bien d'une œuvre de colonisation, entreprise avec tout le capital nécessaire et une expérience éclairée des conditions agricoles du pays, et cette œuvre, comme on va le voir, n'a succombé que devant les obstacles élevés par la législation du gouvernement français.

D'abord, je le répète, les biens *arch* sont inaccessibles. La loi défend péremptoirement aux *Djemmaas*, c'est-à-dire aux conseils municipaux des tribus, d'en disposer, et qu'on remarque en passant avec quel calcul infernal le gouvernement militaire a formulé cette loi. La vente des terres communales ne pouvant se faire que par le conseil municipal autorisé, serait on ne peut plus facile, car tous les ayants droit étant collectivement représentés par le conseil, ce conseil seul interviendrait dans la vente, qui alors ne présenterait aucun risque, aucune difficulté. Aussi ces ventes ont-elles été rigoureusement prohibées par une loi spéciale et parfaitement définie. Mais en revanche la vente des propriétés *melk* a été permise depuis quelques années seulement, car on s'est bien vite aperçu que ces ventes aux Européens étaient absolument comme non avenues et radicalement inefficaces, et que l'acquisition de parts dans ces biens indivis ne tirait à aucune conséquence, car elle n'avançait en rien la pénétration de l'élément européen dans le territoire arabe, et au contraire ne pouvait tendre qu'à rebuter les acquéreurs européens en raison des difficultés insurmontables qu'ils rencontreraient pour utiliser et même pour revendiquer la possession des parts qu'ils auraient acquises.

Je dois rappeler ici que tous les biens patrimoniaux en Algérie sont invariablement indivis. Cette indivision, qui est la règle, existe depuis des siècles, et on peut alors se faire une idée du morcellement théorique des biens de famille. Je dis *théorique*, car la division n'existe que dans les droits des co-propriétaires, et non dans la propriété elle-même, qui est exploitée en commun par un ou plusieurs administrateurs nommés par les cadis avec le consentement des principaux héritiers, et qui en louent la surface ou bien l'exploitent eux-mêmes et en partagent les revenus entre les cohéritiers selon la part de chacun. Mais comme les familles se multiplient à l'infini, il arrive dans certaines branches que la part de chacun n'a plus de formule appréciable, tant la fraction en est devenue infinitésimale. Dans certains efforts qu'on a faits pour opérer le partage, on est arrivé à formuler des parts par un nombre composé de 22 chiffres au-dessus de la ligne, et 22 chiffres au-dessous! voilà l'espèce de chaos dans lequel je me suis jeté.

Séduit par l'excellente qualité des terres en question, par leur position favorable et certains autres points avantageux que ma vieille expérience d'agronome m'avait fait apprécier, j'achetai de confiance, n'étant pas légiste, des parts de cohéritiers dans une grande propriété d'une étendue de 6,000 hectares : c'est assez faire comprendre que mes copropriétaires sont fort nombreux ; cependant cette considération ne m'arrêta point, car étant devenu acquéreur de près de la moitié du tout, je pensais pouvoir facilement effectuer le partage et faire déterminer ou plutôt localiser ma portion de manière à l'aménager en fermes, en prairies, en bois, en champs de culture, et surtout j'espérais, par un arrangement à l'amiable, pouvoir y faire immédiatement des constructions et des plantations. Mais, hélas ! j'avais compté sans les lois françaises et musulmanes qui se trouvent combinées de manière à m'arrêter net. D'abord mes copropriétaires arabes, affreusement mécontents de voir un intrus européen oser venir s'implanter au milieu d'eux, firent mine d'exercer contre moi le droit de *cheffa*, et s'ils avaient eu assez d'argent à leur disposition, il est bien certain qu'ils eussent exécuté leur menace. Ce droit de *cheffa*, qui est un premier danger pour l'acquéreur européen, permet à n'importe lequel des copropriétaires musulmans de revendiquer la part ou les parts qu'un Européen a achetées en remboursant simplement le prix qu'on a payé, et cela sans intérêt. Les bureaux arabes manquaient rarement d'exciter les indigènes à exercer ce droit toutes les fois que des Européens achetaient des parts dans les propriétés *melk*, et les tribunaux en refusaient encore plus rarement l'exercice. Mais pour être juste, il faut dire que les tribunaux français ont le pouvoir de refuser le droit de *cheffa* lorsque l'acquisition leur paraît légitime et le prix payé raisonnable, et il faut dire que les Juifs surtout ont souvent abusé de la détresse des Arabes pour leur acheter des parts de *melk* à vil prix, et que dans ces occasions les revendications par droit de *cheffa* ont été justement autorisées. Souvent aussi les Européens, pour échapper à ce danger, portent sur leurs actes un prix beaucoup plus élevé que celui qu'ils ont réellement payé. Quoi qu'il en soit, ce droit qui est resté entre les mains des bureaux arabes plutôt comme un instrument de prohibition que de justice, devrait être aboli, car il donne lieu à des abus, à des vexations qui enlèvent toute sécurité à l'échange de la terre en Algérie. Avec une semblable épée de Damoclès suspendue sur sa tête, le colon ne peut se livrer aux améliorations du bien dont il a fait l'acquisition, bien qui *peut* lui être enlevé sans qu'on lui tienne compte des dépenses qu'il y aura faites autres que celles portées sur son acte. Il y a longtemps que cette abolition du droit de *cheffa* de musulman à Européen a été promise, mais en l'an de grâce 1871 ce droit existe encore dans toute son intégrité.

Mais il existe un autre danger pour l'acquéreur européen, bien plus grave, bien plus sérieux. L'exercice du droit de *cheffa* entraîne au moins le remboursement intégral du prix d'achat, tandis que, si cet autre danger que je signale venait à se produire, le malheureux acquéreur perdrait absolument tout. Voici ce dont il s'agit : l'obligation d'enregistrer et de transcrire les actes a été introduite en Algérie, mais pour les Européens seulement. Les musulmans en sont affranchis. Il résulte de cette anomalie que vous achetez une propriété à un indigène, vous avez soin de faire enregistrer votre acte, vous acquittez les droits de transcription, vous vous assurez qu'il n'y a aucune inscription hypothécaire, et confiant dans le sentiment qu'ayant rempli toutes les réquisitions de la loi et payé le prix de votre acquisition, vous pouvez enfin vous y installer, vous construisez une maison, des bâtiments d'exploitation, vous y semez et vous vous bercez de la douce espérance d'y récolter ; mais combien votre espérance est vaine, que votre sécurité est fausse ! La loi française a mis bon ordre à tout cela. Un beau jour, un bédouin arrive et vous somme de quitter les lieux ; cette propriété que vous croyiez être la vôtre, ne vous appartient pas ; vous l'avez payée, il est vrai, vous y avez dépensé des sommes considérables, vous avez rempli toutes les exigences de la loi, mais tout cela ne vous a absolument servi de rien : la loi française que vous invoquez vous a livré pieds et poings liés à la supercherie du musulman qui se moque de vous, persuadé dans sa conscience qu'il a fait une bonne action en volant un chrétien. Cet homme qui vous chasse de chez vous au nom d'une loi faite et promulguée par un gouvernement institué pour vous protéger, exhibe tout simplement un acte de vente antérieur au vôtre ; il amène des témoins qui ne sont pas difficiles à trouver en Algérie, et il prouve, de par le Koran, qu'il avait acheté cette propriété avant vous, et que, de par la loi française, n'étant point obligé ni à enregistrer ni à transcrire son acte, cet acte n'en a pas moins force de loi. Pendant ce temps-là, votre vendeur rit sous cape, et n'ayant rien, il se trouve à l'abri de vos poursuites, et la morale du code déclarant que ce délit n'est point criminel, vous n'avez pas même la consolation de le faire punir comme un escroc. Ce qu'il y a de pire dans cette incompréhensible injustice, c'est que les musulmans, exempts qu'ils sont de l'obligation de faire enregistrer leurs actes, ne se font aucun scrupule de les antidater pour pratiquer plus facilement leur supercherie. Voilà comment la colonisation est entendue en Algérie, et comment le capital des malheureux colons est protégé !

Cette inepte disposition de la loi est si monstrueuse, qu'on se dira peut-être que les cas où elle se produit sont fort rares, et que d'ailleurs les tribunaux français qui ont connaissance de ces revendications, doivent naturellement interposer leur autorité pour en atténuer les terribles et ruineux effets. Eh bien, il n'en est rien ; non-seulement les cas se présentent assez fréquemment, et les tribunaux ne manquent jamais d'exécuter la loi, quelque injuste qu'elle soit, avec la dernière rigueur.

Si, pour éviter le danger de ces deux espèces de revendication auxquelles le malheureux acquéreur européen est exposé, il s'empresse d'agir d'après la loi française qui affirme que nul n'est obligé de rester dans l'indivision, en réclamant le partage de la propriété, là, dira-t-on, il peut au moins se mettre sous l'égide d'une loi de son pays qui va protéger ses intérêts et lui permettre de fixer son lot, en lui donnant un titre indiscutable, ce qui lui permettra enfin de s'occuper sérieusement de l'amélioration de sa terre et de la construction de ses bâtiments d'exploitation. Nouvelle illusion ! Après avoir commencé les premières démarches, il s'aperçoit bientôt qu'il a entrepris une tâche auprès de laquelle les sept travaux d'Hercule n'étaient que des jeux d'enfants. En effet, la loi française a été faite pour la France ; mais comme on a eu l'intelligence d'introduire notre Code tout d'une pièce en Algérie sans s'inquiéter si l'application de nos lois était ou non praticable, et qu'on a eu soin de n'en modifier les dispositions, toutes les fois qu'une modification a été apportée, qu'au bénéfice des indigènes et au détriment des colons, l'application de la loi est tout simplement impossible. Cette loi réglant le partage des biens indivis peut facilement s'appliquer en France où ces partages n'offrent aucune difficulté, vu le nombre toujours restreint des ayants droit et l'égalité des droits de chacun. Mais en Algérie, c'est autre chose. Les ayants droit qu'il faut tous assigner, quelque grande que soit leur multitude et quelque minime que soit leur part, sont presque toujours impossibles à découvrir. Quand on vient à songer que l'indivision, qui est l'immense exception en France, est ici la règle générale, qu'elle existe dans les familles depuis des siècles ; que le peuple arabe a été fort dispersé pendant les guerres de la conquête, et que bon nombre sont réfugiés au Maroc, en Tunisie, à Constantinople, en Égypte et à la Mecque, et que ce peuple n'a point d'état civil, on comprendra immédiatement combien il est impossible de retrouver tous les ayants droit pour les assigner, et combien le partage de ces grandes propriétés soulève de difficultés insurmontables et de frais énormes devant lesquels les hommes les plus résolus pâlissent et reculent. Le domaine de l'État, lui, n'a pas hésité à se faire une loi pour lui seul. C'est une loi sommaire dont l'action est rapide et peu coûteuse. On se demande avec ébahissement pourquoi on n'a pas étendu les avantages de cette loi aux Européens ? Mais cela eût facilité l'échange de la terre, cela eût contribué plus que toute autre mesure à l'extension et à la prospérité de la colonisation, et à cause de cela même on s'est bien gardé de faire participer les colons aux bénéfices d'une loi dont l'État avait reconnu la nécessité pour ses intérêts à lui.

Voilà dans quelle triste position se trouve aujourd'hui la colonie européenne de l'Algérie ; j'ai cru devoir dévoiler toute la vérité, afin que ceux qui auraient envie de venir s'y fixer puissent le faire en connaissance de cause.

V

CONCLUSION

La critique est facile, surtout en Algérie, et lorsqu'elle n'a d'autre but que celui de dénigrer sans suggérer de remède, la critique est tout au moins stérile. Je désire autant que possible échapper à ce reproche, et si me sentant incapable de suggérer un remède efficace et complet, je m'abstiens de développer ici tous les abus à rectifier, toutes les mesures à prendre, toutes les lois à édicter, toutes les institutions à réformer ou à établir, toutes les plaies à cicatriser et tous les maux à guérir, je n'en aurai pas moins rendu un service à la colonisation en mettant à nu une de ses plaies les plus vives, c'est-à-dire les lois iniques et stupides qui régissent l'échange de la terre entre Européens et indigènes, et par cette exposition seule, suggéré le remède.

En effet, la question algérienne est trop complexe et surtout trop mélangée de politique pour qu'un simple agronome comme moi ose en aborder la solution. L'amiral de Gueydon tout intelligent qu'il est et tout expérimenté qu'il est dans les affaires politiques, s'est cru obligé, pour y voir clair, de s'entourer d'innombrables commissions, qu'il a recrutées par monts et par vaux, et surtout parmi les habitués de la place du Gouvernement d'Alger. Comment oserais-je, à moi tout seul, entreprendre une semblable tâche. Je n'y songe donc point. Sans sortir de ma spécialité agronomique, qui est bien assez difficile en elle-même, je crois avoir déjà suffisamment suggéré par la simple exposition des griefs de la colonie, ce qui me paraît le plus propre à ramener un peu de prospérité parmi les colons et à encourager l'immigration des bras et du capital en Algérie, deux choses qui à mon avis sont infiniment plus importantes à étudier que la question de savoir si on doit avoir un gouvernement militaire ou un gouvernement civil à la tête des affaires de la colonie. D'ailleurs une comparaison entre ces deux systèmes est tout simplement impossible, car si l'on sait ce que les gouvernements militaires ont fait ou ont omis de faire, on ne sait pas encore ce que le gouvernement civil fera. Jusqu'à présent, l'amiral de Gueydon n'a encore rien fait que d'étudier les questions algériennes auxquelles il était naturellement étranger, et c'est ainsi qu'un temps précieux pour la colonisation a été perdu. Au lendemain de la guerre qui nous a enlevé l'Alsace et la Lorraine, si on avait été prêt pour recevoir les émigrants de ces provinces, et on avouera qu'il est fort humiliant de dire que nous ne l'étions pas après quarante et un ans d'occupation du pays, le courant d'émigration alsacienne et lorraine aurait pu être dirigé sur l'Algérie; mais aujourd'hui il est trop tard, ce courant s'est dirigé sur l'Amérique, et il est désormais fort difficile, sinon impossible de le détourner. Et cependant dès le commencement de cette année, une commission d'hommes généreux tirée du sein de la Société d'agriculture d'Alger, s'était constituée en permanence pour recevoir et établir les victimes de la guerre. Des sommes importantes avaient été souscrites et mises à la disposition de cette commission. Mais cette commission n'a rien fait, parce que ses efforts étaient à l'avance frappés de stérilité, tant la logique des mauvaises lois et des institutions stupides qui régissent la propriété immobilière en Algérie est inflexible et funeste.

Un des malheurs de la colonie a été la mutation fréquente des gouverneurs généraux. Ce malheur est dans le présent encore aggravé par la nomination de M. de Gueydon, qui, malgré sa haute intelligence et les qualités transcendantes qui le distinguent comme administrateur, se trouve naturellement dans l'impossibilité d'avoir une initiative quelconque pour remédier aux abus, par la raison péremptoire qu'il n'avait jamais mis les pieds dans la colonie et ne connaissait pas le premier mot des hommes et des choses. Ne pouvant étudier sur place les questions les plus élémentaires, ce qui est le moyen le plus efficace, pour ne pas dire le seul, de les étudier en Algérie, vu la variété infinie des circonstances et des conditions d'être qui caractérisent chaque point du territoire, il s'est jeté à corps perdu dans les ténèbres plus épaisses encore des commissions dont il s'est entouré comme d'un rempart. N'ayant sous la main que des hommes d'Alger, qui pour la plupart n'ont jamais quitté la place du Gouvernement ou tout au plus la plaine de la Mitidja, c'est à ces hommes qu'il s'est adressé pour l'éclairer sur les questions qui intéressent toute l'Algérie! Le résultat sera qu'on parlera beaucoup et qu'on ne fera absolument rien, j'en ai une preuve en ce qui me concerne. Si je cite mon exemple, ce n'est certes pas dans le but d'initier le public à mes doléances privées, mais c'est pour démontrer l'impossibilité où les colons capitalistes, dont on sollicite l'émigration en Algérie, se trouveraient d'employer leur capital, soit dans l'achat de terres à coloniser, soit dans les travaux de défrichement et d'installation qui seuls constituent la colonisation, car faire simplement ce que les Arabes font ce n'est pas de la colonisation, c'est de la barbarie.

On a vu, dans le dernier chapitre, combien les lois qui régissent l'échange de la terre entre Européens et indigènes sont efficaces pour arrêter net toute pénétration des Européens dans le territoire arabe. J'ai observé aussi que l'administration du domaine qui, dans ses revendications de terres du Beylick s'est souvent trouvée copropriétaire de biens indivis avec des Arabes, voyant l'impossibilité de procéder au partage au moyen du mécanisme des lois en vigueur, s'est fait édicter une loi spéciale qui lui permet de faire cesser l'indivision de la façon la plus sommaire et la plus expéditive, partant la moins coûteuse qu'on puisse désirer. Un simple avis inséré dans *le Moniteur* et dans *le Mochaber*, journal officiel arabe, avec quelques démarches auprès du cadi de la circonscription où se trouve la propriété lui suffisent. Si le Domaine a besoin des terres, il se taille le morceau qui lui convient, fait expertiser, et s'il y a lieu, donne une compensation à la masse de ses copropriétaires. Si au contraire la licitation lui convient mieux, il vend aux enchères, empoche la part qui lui revient, dépose le reste à la Caisse des dépôts et consignations, et dans les deux cas, ne considérant ses copropriétaires que comme corporation et non comme individus, il les laisse se débrouiller comme ils l'entendent et ne s'en occupe plus. Malheureusement cette loi est exclusivement particulière au Domaine. La pauvre gent coloniale ne peut l'exercer et par conséquent elle demeure la proie facile et sans défense des inconvénients que j'ai exposés. Sachant mieux que personne combien les terres immédiatement colonisables sont rares en Algérie, j'allai trouver le gouverneur et lui exposai ma position qui, je l'affirme doit être infailliblement celle de tous ceux qui, alléchés par les belles descriptions de la colonie, auraient la malencontreuse idée de venir s'y établir avec des capitaux. Je lui fis comprendre l'impossibilité où je me trouvais d'employer le capital que j'avais à ma disposition, et que si le gouvernement ne me venait en aide je serais forcé d'abandonner la colonie. Je lui fis observer que dans les circonstances malheureuses où la France se trouve, on ne peut raisonnablement espérer que l'Assemblée de Versailles puisse d'ici à longtemps s'occuper de légiférer sur l'Algérie, et comme je ne pouvais attendre jusque-là, je lui proposai le moyen fort simple d'un échange des parts que je possédais dans la propriété indivise, où j'avais eu la sottise d'enfouir mon argent, contre d'autres terres appartenant au Domaine, cette administration pouvant alors au moyen de la loi spéciale faire cesser l'indivision, ce que moi, simple individu ne pouvais accomplir. Cet échange offrait d'ailleurs à l'État un précieux avantage, c'est qu'il le mettait en possession d'une terre située sur le parcours du chemin de fer, traversée par une route magnifique, coupée par un canal d'irrigation, et réunissant à un plus haut degré que partout ailleurs en Algérie toutes les conditions désirables pour l'établissement d'un centre européen d'une très-grande importance. Cette offre date du mois de mai dernier, et bien que toutes les démarches prescrites aient été accomplies, que tous les rapports, les titres et les plans aient été déposés depuis plusieurs mois déjà, je suis encore à attendre une solution. Il est probable que mon affaire aura été soumise à une commission quelconque, aussi ai-je dû prendre le seul parti possible, c'est de quitter cette malheureuse colonie à jamais, abandonnant mes terres aux hasards de l'avenir et préférant appliquer mon travail, mon expérience et ce qui me reste de capital dans mon pays où le tout sera mieux apprécié et surtout mieux protégé. On comprendra facilement ma résolution en considérant que repoussé par le gouvernement qui refuse de me venir en aide sous prétexte qu'il s'agit tout simplement d'un intérêt privé et que par conséquent il n'y a point d'urgence à s'occuper de ma position de colon et me trouvant réduit à une impuissance absolue, ne pouvant ni arracher un buisson, ni enlever une pierre, ni planter un arbre, ni construire un abri pour mes gens, pour mes troupeaux et pour moi, ne pouvant en un mot appliquer mon capital à quoi que ce soit, je suis forcé de déguerpir au plutôt de peur de mourir de faim ou de vivre sur mon capital. Je le répète, si je raconte tout cela, c'est uniquement pour éclairer les colons sérieux qui auraient la malheureuse idée d'aller se fixer en Algérie. Qu'on s'en garde bien, ce serait s'exposer sciemment à une ruine complète. Car j'affirme, et je crois l'avoir prouvé, qu'avec les lois et les institutions actuellement en vigueur, ni un colon ni un centime de capital ne peuvent émigrer en Algérie, il n'y a pour l'un et pour l'autre ni protection ni sécurité ni même possibilité de s'employer.

Quant à cette question du gouvernement civil et du gouvernement militaire, je ne puis m'empêcher d'observer que si, par la substitution du gouverneur civil aux anciens gouverneurs militaires, on entend abolir complétement l'administration des indigènes par les bureaux arabes et les faire administrer par des employés civils, la colonie européenne n'a qu'une chose à faire, c'est de se hâter de partir. Ce serait un acte insensé. Je suis convaincu qu'il faut au contraire se bien garder de toucher à cette admirable institution, la seule qui puisse maintenir les Arabes et les gouverner. Seulement il importe d'enlever à cette administration militaire tout son caractère politique, tout son exclusivisme arabe, et y substituer au contraire, dans la mesure de nos droits de conquérants, et dans celle d'une justice généreuse, si l'on veut, mais inflexible, l'esprit et la sympathie du progrès de la colonisation européenne qui seule peut régénérer ce peuple barbare. Il faut, en un mot, radicalement changer la tradition politique des bureaux arabes, et leur inculquer la consigne obligatoire de favoriser la pénétration de l'élément européen en territoire arabe avec toute l'énergie de leur action, toute la puissance de leur force et toute l'influence de leur admirable organisation. La discipline militaire toute seule peut accomplir ce miracle et, si on le veut bien, cette révolution s'accomplira promptement et sûrement.

Malheureusement la population française des villes de l'Algérie ne s'agite jamais autour d'une question que pour l'envenimer et en rendre la solution de plus en plus difficile, sinon impossible. L'antagonisme, légitime du reste, que la population française de la colonie éprouve contre le gouvernement militaire, a dégénéré en haine stupide contre l'armée tout entière. Cette haine se traduit aujourd'hui en lâches insultes, en calomnies odieuses contre de braves officiers qui prodiguent encore aujourd'hui sous un ciel de feu le sang qu'ils ont déjà versé pour la France, et cela pour la défense de ceux qui les outragent. Ce sentiment injuste est tellement vif que, supposant qu'il existe entre le nouveau gouverneur civil et l'armée une divergence profonde, il n'en a pas fallu davantage pour faire surgir à l'endroit de l'amiral de Gueydon, qui est trop loyal pour ne pas en être embarrassé, une popularité factice et malsaine, que cet administrateur intelligent et honnête mérite sans doute à tous égards, mais qu'aucun acte de la part de son gouvernement en faveur de la colonie n'a encore justifiée, les circonstances difficiles dans lesquelles il a pris le gouvernail et son ignorance absolue du pays ne lui ayant encore permis de rien accomplir.

Je termine en déclarant que, malgré les fautes commises dans le passé, malgré les circonstances funestes qui caractérisent le présent, l'Algérie est appelée à un grand avenir de richesse et de prospérité, si le gouvernement de la métropole veut bien enfin s'occuper de cette pauvre colonie jusqu'à présent si malmenée et lui donner des lois et des institutions qui conviennent aux conditions spéciales que son climat, ses populations disparates, ses intérêts divers, ses anomalies et ses paradoxes naturels, lui ont créés, au lieu de l'affubler comme on l'a fait jusqu'à présent, des lois, des institutions et des administrations de la métropole sans modification, sans tact, sans esprit pratique et, il faut le dire, sans réflexion.

Paris, le 15 septembre 1871.